동물일기 1

상어의 일기

귀상어가 들려주는 바다 이야기

스티브 파커 글 | 피터 데이비드 스콧 그림 | 햇살과나무꾼 옮김

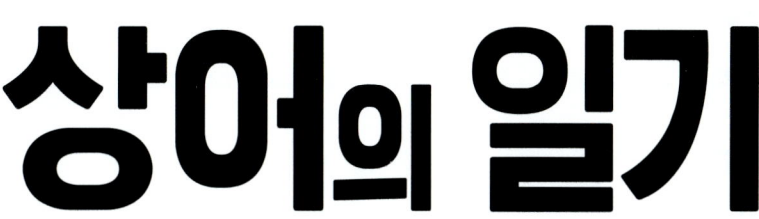

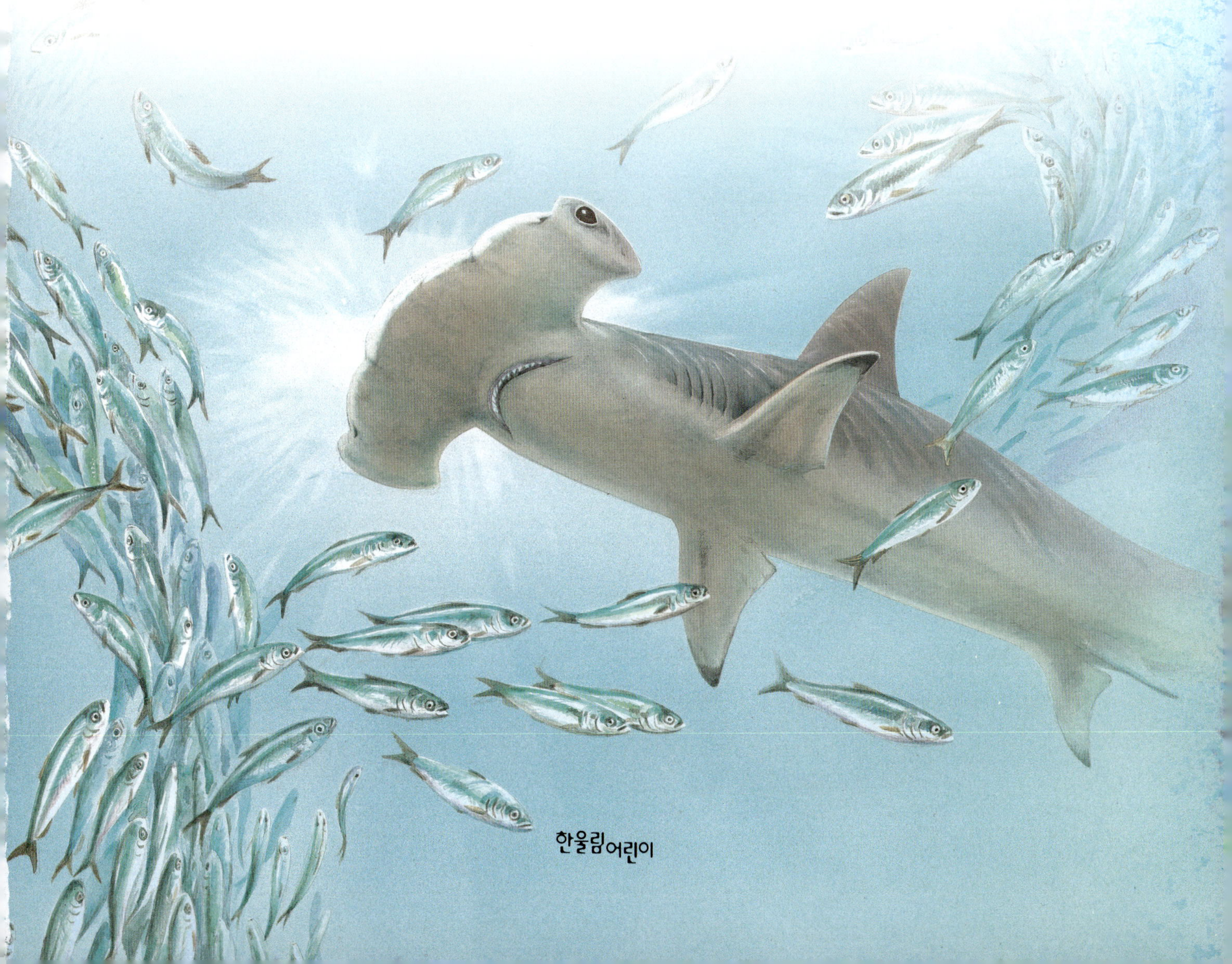

한울림어린이

글쓴이 **스티브 파커** Steve Parker

영국의 자유기고가이자 런던 동물학회의 회원으로 과학 분야 전문가이다. 대학에서
동물학을 전공하였고, 과학, 자연, 건강 등에 관해 200여 권의 책을 쓰고 편집하였다.
런던 자연사박물관에서 일했으며,《아동 학습 브리태니커 백과사전》의 과학 분야를
담당하여 글을 쓰기도 하였다. 영국의 BBC 방송에서 생활과학, 건강, 의학 등의 주제를
쉽고 재미있게 소개하여 많은 사람으로부터 사랑을 받았다.
또한 BBC 방송과 영국의 자연 및 사적 보호 단체인 내셔널 트러스트에서 공동 추천한
〈자연 다큐멘터리〉 방송 시리즈물의 기획을 맡기도 하였다.
저서로《뇌 속의 놀라운 비밀》《동물 속을 알고 싶다》《왜 그럴까요》《말해 주세요》
《건물에도 뿌리가 있나요?》《엉뚱하고 우습고 황당하고 짜릿한 과학 이야기》《인체》
《거꾸로 생각하는 엉뚱한 과학 이야기》《인체 지도》 등이 있다.

옮긴이 **햇살과나무꾼**

햇살과나무꾼은 어린이책을 사랑하는 사람들이 모여 만든 곳으로
세계 곳곳의 좋은 작품들을 소개하고 어린이의 정신에 지식의 씨앗을 뿌리는 책을 집필한다.
《봄·여름·가을·겨울 생태 놀이터》 시리즈,《시튼 동물기》 등을 옮기고
《신기한 동물에게 배우는 생태계》《놀라운 생태계, 거꾸로 살아가는 동물들》 등을 썼다.

차례

내 머리 진짜 독특하게 생겼지?

세상아, 안녕!	4
멋진 망치머리	6
우리 동네	8
헤엄 연습	10
나의 이웃	12
바다의 경계경보	14
나의 사촌들	16
끔찍한 하루	18
운 좋게 탈출!	20
여름 여행	22
사냥은 신중하게	24
산호초 숲	26
무시무시한 백상아리	28
이웃들의 한마디	30
낱말풀이	31
찾아보기	31

세상아, 안녕!

오늘은 바닷말 정원을 지나 얕은 물까지 헤엄쳐 갔다.
얕은 물은 내가 태어난 곳이다. 얕은 물에는
갓 태어난 새끼 상어들이 엄마와 같이 있었다.
그 모습을 보니 내가 아기 상어일 때 생각이 났다.

짝짓기를 할 때
암컷은 수컷을
들이받는다.

수컷은 암컷의
몸을 휘감는다.

상어는 새끼를 돌보지 않는다.
뭐, 다른 물고기들도 보통 그렇지만.
그 사실을 나는 태어나자마자 알았다.
그래서 나와 내 형제들은 헤엄치는 법과
사냥하는 법을 스스로 익혔다.
그때 다른 물고기, 심지어 다른 상어한테
잡아먹힌 형제도 있다.

갓 태어난 새끼 상어는
몸길이가 50센티미터쯤이다.

하지만 나는 살아남아서 쑥쑥 자라고 있다.
앞으로 나도 새끼가 생기겠지.
대장이 다 가르쳐 줬다. 대장은 아는 것도
많고 아주 친절해서 누구나 좋아한다.
존경해요, 대장님!

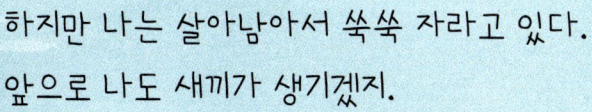

새끼가 빠져나간
빈 알주머니를
'인어의 지갑'이라고도
한다.

노른자위는 새끼가
먹는 영양분이다.

대장이 그러는데 우리 귀상어들은
새끼를 낳는데, 알을 낳는 상어도
있다고 한다. 질긴 주머니 속에 알을 낳아
바다 밑바닥에 놔두면 주머니 안에서 새끼가
노른자위를 먹으며 자란다. 다 자란 새끼는
이빨로 주머니를 찢고 밖으로 나온다.
"세상아, 안녕!" 하면서.

덩굴 같은 것이 있어서
바위나 바닷말에
달라붙을 수 있다.

새끼는 꼬리를 흔들며
헤엄치는 법을 금방 배운다.

5

멋진 망치머리

이제 나도 제법 자랐으니 새로운 먹이를 먹어 봐야겠지? 얼마 전에는 홍어나 가오리처럼 납작한 물고기 찾는 법을 알아냈다. 이런 녀석들은 '위장'을 한다. 몸 색깔과 비슷한 바다 밑바닥에 누워 있는데, 아예 모래나 자갈 속에 몸을 파묻기도 한다. 그래도 나는 놀라운 감각으로 녀석들을 찾아낸다!

내 머리는 옆으로 길쭉하다. 망치처럼!

입 주위의 피부는 특히 민감하다.

우리는 피부로 물의 흐름과 온도를 느낀다.

망치처럼 생긴 내 머리가 우스꽝스러울지 모르지만, 이 머리 덕분에 얼마나 편리한지 모른다! 머리 양쪽 끝에 눈이 있어서 다른 상어들보다 훨씬 넓게 볼 수 있고, 콧구멍도 양옆에 있어서 옆에서 나는 냄새도 잘 맡을 수 있다.

쥐가오리도 머리가 나만큼이나 특이하게 생겼다.
쥐가오리는 머리에 달린 노 같은 부분을 움직여 입 안으로 물이
들어가게 한다. 그러고는 물속에 있는 플랑크톤이라는
아주 작은 생물을 걸러 먹는다.

쥐가오리는 넓은 가슴지느러미를 날개처럼 퍼덕이며 헤엄친다.

콧구멍은 눈 옆에 있다.

이 부분을 노 젓듯이 움직여 커다란 입속으로 물을 밀어 넣는다.

머리에 난 조그만 구멍으로 먹이가 어디 있는지 알 수 있다.

나는 특별한 감각을 가지고 있다.
'전기 감각'이라고 대장이 가르쳐 주었다.
머리에 있는 작은 구멍들로
다른 동물의 몸에서 나오는 전기 신호를
감지하는 것이다.
덕분에 나는 먹이를 쉽게 찾을 수 있다.
어두운 곳에서도!

오늘 한 일

1. 쥐가오리랑 헤엄침.
2. 물고기 한 마리 잡아먹음.
3. 쥐가오리랑 또 헤엄침.
4. 물고기 한 마리 더 잡아먹음.

우리 동네

우리 형제들은 물살이 잔잔한 '만'에서 산다.
우리는 이곳의 바위 동굴이나
가라앉은 배 같은 비밀 장소들을 알고 있다.
그래서 큰 물고기가 우리를 잡으러 오면
재빨리 그곳으로 헤엄쳐 숨는다.

가슴지느러미

꼬리지느러미

나는 새끼 때보다 헤엄 실력이
많이 늘었다. 이제는 옆으로
뒤집어지지 않고도 방향을 틀 수 있다.
간단할 것 같지만 지느러미 여덟 개를
조종하기란 그리 쉽지 않다!

배지느러미

만에는 우리가 먹는 작은 물고기랑
게랑 새우가 많다. 고등어 떼가 오면
우리는 어린 고등어를 잡아먹는다.
새끼 오징어랑 문어도 맛있기는 한데,
조금 미끌미끌하다.
게랑 새우는…… 바삭바삭!

귀상어

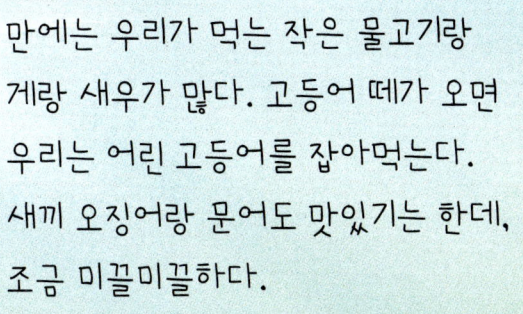

분류 연골어류 흉상어목 귀상어과
몸길이 최대 5미터
몸무게 최대 400킬로그램
사는 곳 너무 덥거나 춥지 않은 바다.
　　　　 특히 육지에서 가까운 곳
먹이 물고기(다른 상어와 가오리 포함), 오징어,
　　　 문어, 게, 새우 등
특징 머리가 망치처럼 길쭉하고, 양끝에 눈과
　　　 콧구멍이 있다.

대장의 등지느러미에는
물린 자국이 있다.
아팠겠다!

가라앉은 배는
숨기에 딱 좋은 장소다.

내 이빨 자국!

오늘은 일기장을 깨물어서
이빨 수를 세어 보았다. 지금 내 이빨은
서른 개쯤 된다. 대장은 이빨이
쉰 개도 넘는다. 엄청 뾰족하다!

헤엄 연습

어렸을 때 멀리 깊은 바다까지 간 적이 있다.
온통 물밖에 없는 이상한 곳이었다.
물도 차가워서 헤엄치기도 힘들었다.
그래서 다시 해안 가까이에 있는
따뜻하고 얕은 곳으로 돌아왔다.

꼬리지느러미를
빨리 흔들수록
빨리 나아간다.

쉬지 않고 계속
움직여야 한다.
그래야 가라앉지
않는다.

난 뒷지느러미는
잘 쓰지 않는다.

헤엄칠 때 기억할 것

1. 꼬리지느러미를 계속 움직인다.
2. 머리를 위로 살짝 든다.
3. 방향을 바꿀 때는 가슴지느러미로.
4. 몸을 옆으로 기울일 때는
   등지느러미로.
5. 큰 상어, 닻, 배 같은 것은
   위험하니 정신을 바짝 차린다.

오늘은 탁 트인 넓은 바다로 나가서
헤엄 연습을 할 거다. 우리는 지느러미가
상당히 뻣뻣하다. 그래서 다른 물고기들처럼
재빨리 몸을 돌리지 못한다. 다른 물고기들은
지느러미가 무척 유연하다. 지느러미를 부채처럼
접었다 폈다 할 수 있는 물고기도 있다.

지느러미 쓰는 법 익히기

먼저 지느러미를 하나만 움직여서 어떻게 되는지 살펴본다. 그렇게 모든 지느러미를 하나하나 차례로 움직여 본다. 그러고 나서 한 번에 두 개씩 움직여 보고, 다음에는 세 개를 움직여 본다. 그렇게 점점 늘려 나간다.

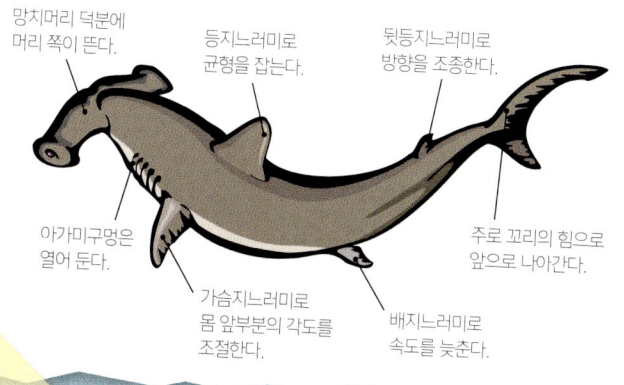

- 망치머리 덕분에 머리 쪽이 뜬다.
- 등지느러미로 균형을 잡는다.
- 뒷등지느러미로 방향을 조종한다.
- 아가미구멍은 열어 둔다.
- 가슴지느러미로 몸 앞부분의 각도를 조절한다.
- 배지느러미로 속도를 늦춘다.
- 주로 꼬리의 힘으로 앞으로 나아간다.

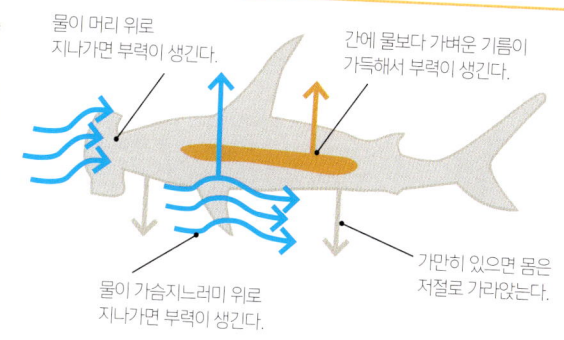

- 물이 머리 위로 지나가면 부력이 생긴다.
- 간에 물보다 가벼운 기름이 가득해서 부력이 생긴다.
- 물이 가슴지느러미 위로 지나가면 부력이 생긴다.
- 가만히 있으면 몸은 저절로 가라앉는다.

물에 뜨는 힘

우리 상어들은 다른 물고기들과 달리 몸을 띄웠다 가라앉혔다 하는 부레가 없다. 대신 우리의 커다란 간은 작은 기름방울로 가득 차 있다. 이 기름방울은 물보다 가볍기 때문에 부력, 즉 뜨는 힘을 만들어 낸다.

상어 교과서는 헤엄 연습에 도움이 많이 된다. 지느러미들을 어떻게 움직여야 하는지 알 수 있고, 망치 모양의 머리가 내 몸을 띄워 준다는 것도 알 수 있다. 물이 머리의 위아래로 흘러가면 부력이 생겨 머리 쪽이 살짝 위로 들리는 것이다. 그래서 머리가 밑으로 쏠리지 않는단다. 정말 멋지다니까!

- 옆구리 근육은 아주 튼튼하다.
- 가슴지느러미는 방향을 바꿀 때 딱 좋다.
- 망치처럼 생긴 머리 덕분에 편하게 빨리 헤엄칠 수 있다.

나의 이웃

난 이따금 몹시 외롭다. 다른 동물들하고 얘기를 하고 싶어도 내가 가까이 가면 숨거나 멀리 달아나 버린다.
내가 자기들을 다 잡아먹는 건 아닌데. 그냥 어쩌다가 한두 마리 잡아먹을 뿐이다.

카리브암초문어는 몸 색깔이 진홍색, 푸른색으로 휙휙 바뀐다.

게는 여덟 개의 다리로 재빠르게 돌아다닌다.

카리브암초문어는 정말 굉장하다. 눈 깜짝할 사이에 몸 색깔과 모양을 휙휙 바꾼다. 다리가 여덟 개이고 주로 밤에 먹이를 잡는다. 문어를 몇 번 먹어 봤는데, 아주 쫄깃쫄깃하다.

바위 곳곳에는 온갖 종류의 바삭바삭한 게들도 있다. 푸른꽃게는 그냥 간식거리다. 게를 잡아먹을 때는 뒤에서 덮쳐야 입을 꼬집히지 않는다.

소라의 딱딱한 껍데기는 깨어 먹기 너무 힘들다.

소라는 울퉁불퉁한 껍데기가 있다. 이래 봬도 문어와 같은 연체동물이다.

껍데기 밖으로 나온 소라

이 왕삼치 아저씨는 우리 동네 삼치들 가운데 덩치가 가장 크다. 아저씨는 사냥 솜씨가 좋다. 아저씨가 작은 물고기를 잡을 때 옆에서 지켜보며 요령을 좀 배웠다.

빨간방석불가사리도 다른 불가사리처럼 팔이 다섯 개다.

불가사리는 대체 왜 있는지 모르겠다. 머리도 없지, 제대로 된 눈도 없지, 게다가 느리기는 또 얼마나 느린지! 이 녀석들은 바위에 널리고 널렸다. 불가사리는 해면, 산호, 지렁이, 게나 새우 같은 작은 동물을 질식시켜서 잡아먹는다.

왕삼치는 친구일까, 적일까?

1. 친구일 때 : 내 앞으로 작은 물고기들을 몰고 올 때.
2. 적일 때 : 내가 먹고 싶은 물고기를 뺏어 먹을 때.
3. 상어와 왕삼치는 서로 먹고 먹히는 관계이다. 큰 왕삼치는 새끼 상어를 먹고, 난 작은 왕삼치를 먹으니까!

바다의 경계경보

우리 바다를 위협하는 보트 경주 주의보

여느 때와 다른 바다 풍경. 항공 사진가 앨버트로스 제공

모든 물고기와 바다 생물들에게 알린다. 내일은 일 년 중 가장 위험한 날이다. 온갖 모양의 크고 작은 배들이 무자비하게 우리 바다를 휘젓고 다니는 날이다. 모터보트는 프로펠러를 윙윙거리며 요란한 물보라를 일으키고, 조용한 요트의 바닥은 깊고 날카로우며, 수상스키를 타는 사람들은 툭하면 물속으로 떨어진다. 우리 바다의 모든 동물은 내일 하루는 숨어 있거나 다른 곳으로 피하는 것이 좋겠다. 우리 바다 순찰대의 안전 요원 오징어 씨는 다음과 같이 당부했다.

불가사리 가까운 바위 밑에 숨으세요.
고둥 껍데기 속으로 들어가세요.
게 모래 속에 숨으세요.
해파리 헤엄도 비실비실 치면서 아직 여기 있진 않겠죠? 지난주에 미리 떠나라고 했습니다.
지렁이와 새우 진흙 속에 꼭꼭 숨으세요.
작은 물고기 바위 틈새를 찾아보세요.
상어 등의 큰 물고기 깊은 곳으로 가세요.

모터보트의 프로펠러 소리 때문에 정신이 하나도 없다.

물살 때문에 감각이 무뎌지기도 한다.

해마다 우리 바다에서는 무시무시한 일이 벌어진다. 크고 작은 배들이 미친 듯이 내달리는 것이다. 대체 뭘 하는 걸까? 나도 모른다. 하지만 확실한 건 해마다 내 친구들 여럿이 배에 치여 다치고, 심지어 죽기도 한다는 것이다. 올해는 가엾게도 매너티 아줌마가 당했다.

매너티 아줌마는 상처 입은 몸으로 살고 있다.

거센 물살이 우리를 밀어낸다.

매너티 아줌마는 순하디순한 동물이다. 그런데 모터보트의 프로펠러에 등을 심하게 다쳤다. 아줌마의 피 냄새를 맡고 다른 바다의 상어들이 몰려올 수도 있는데, 그러면…… 그 다음은 뻔하다. 하지만 우리는 모두 매너티 아줌마를 사랑한다. 그래서 아줌마가 낫기를 바라며 쉬게 해 주었다.

매너티

분류 포유류 바다소목 매너티과
몸길이 2.5~4.6미터
몸무게 350~1,600킬로그램
사는 곳 육지 근처의 얕은 바다, 석호나 강
먹이 바다풀 같은 식물류. 작은 물고기나 지렁이 같은 동물도 먹는다.
특징 주둥이가 유연하고 수염이 나 있다. 지느러미처럼 생긴 앞발과 커다란 노 모양의 꼬리가 있다.

나의 사촌들

오늘은 무지무지 바빴다. 엄청나게 많은 물고기들이 떼로 몰려왔기 때문이다. 그럴 때면 우리는 어디선가 우르르 나타난 상어 사촌들과 함께 푸짐한 잔치를 즐긴다. 우리가 휙휙 헤엄치면서 덥석덥석 물고기를 삼키면 물이 휭휭 소용돌이친다. 우리끼리 서로 물지 않도록 조심해야 한다. 무서워!

고래상어는 입이 엄청나게 크다. 잘못하다간 나도 빨려 들어갈 수 있다.

황소상어는 눈이 진짜 작다.

황소상어는 진짜 못됐다. 나처럼 작은 상어들을 냅다 밀쳐 버린다. 나중에 두고 보자고! 내가 다 자라면 황소상어보다 더 커질 테니!

산호초 주변에 사는 상어들은 대부분 카리브암초상어다. 카리브암초상어는 우리 귀상어들만큼 크지는 않지만, 아주 빠르게 사냥을 한다.

카리브암초상어의 몸은 날씬한 유선형이다.

16

고래상어는 상어 중에서 가장 크고, 물고기 중에서도 가장 크다. 우리를 공격하지는 않으니 다행이다. 고래상어도 쥐가오리처럼 아주 작은 바다 생물들을 걸러 먹는다.

상어를 따라다니는 동갈방어

고래상어

분류 연골어류 수염상어목 고래상어과
몸길이 12미터 이상
몸무게 15~20톤
사는 곳 따뜻한 바다
먹이 새우, 오징어, 어린 물고기, 플랑크톤 같은 작은 동물
특징 몸집이 크다. 커다란 입으로 물을 빨아들여 아가미로 먹이를 걸러 낸다.

뱀상어는 해파리부터 바다거북까지 아무거나 다 먹는다.

나이가 들면 줄무늬가 옅어진다.

뱀상어는 음흉하다. 게으른 척 느릿느릿 움직이다가 갑자기 거세게 달려든다. 대장이 그러는데, 호랑이처럼 줄무늬가 있어서 호랑이상어라고도 한단다. 하지만 난 호랑이를 한번도 못 봤다!

17

허리케인, 바다를 강타하다

집채 같은 파도가 우리 바다를 덮쳤다

어제 허리케인 때문에 바다 곳곳이 피해를 입었다. 거센 바람에 큰 파도가 일어 산호초가 부서지고, 바위가 쪼개지고, 돌멩이가 산산조각 났다. 꼬치고기 기자는 "최소 물고기 100마리가 부상 당하고, 새우와 조개 200마리가 사망했으며, 게 250마리가 집을 잃었습니다. 산호초가 다시 자라려면 50년은 걸릴 것입니다. 가슴 아픈 광경입니다."라고 소식을 전했다.

끔찍한 하루

어젯밤은 정말 끔찍했다! 파도가 바위를 때리는 소리에 머리가 터지는 줄 알았다. 나는 거센 물살에 휩쓸려 강이라는 곳까지 떠밀려 왔다. 이곳에는 신기한 동물들이 산다. 이야기는 들어 봤는데, 직접 보기는 처음이다.

나는 강이 싫다.
난 짠물 체질이다.

연어들이 알을 낳으려고
바다에서 강으로 거슬러 왔다.

이 물고기는 연어라고 한다. 참 맛있게 생겼는데 너무 정신없이 돌아다녀서 잡아먹을 수가 없다. 연어는 강과 바다 모두에서 살 수 있단다.

험악하게 생긴 미시시피악어를 만났다.
악어는 대부분 짠 바닷물을 싫어한다.
이 악어는 해일 때문에 바다로 휩쓸려 갔다가
부랴부랴 다시 강으로 돌아온 거다!

악어는 다리로 헤엄친다.
나도 다리가 있었으면!

이렇게 괴상한 물고기는 처음 본다.
톱가오리란다. 가오리 종류라면
우리 친척이란 얘기다.
물고기는 대부분 뼈가 단단한데,
상어랑 가오리는 뼈가 물렁하니까.

톱가오리의 주둥이는
내 망치머리만큼 멋있다.
꼭 기계톱 같다!

톱가오리

분류 연골어류 톱가오리목 톱가오리과
몸길이 최대 7미터
몸무게 500킬로그램 이상
사는 곳 따뜻한 강, 호수, 석호, 강어귀, 대서양 연안의 얕은 바다
먹이 물고기, 게, 지렁이, 새우 등
특징 톱처럼 생긴 길고 납작한 주둥이로 진흙과 모래를 헤집어 먹이를 찾는다. 몸도 납작하다.

운 좋게 탈출!

나는 강에서 빠져나와 바다로 돌아왔다.
하지만 더 큰일이 생겼다! 무시무시한 고기잡이배들이
끔찍한 그물을 끌고 지나간 것이다.
돌고래가 그물에 걸렸지만
나는 그냥 지켜볼 수밖에 없었다.

돌고래가 날카로운
이빨로 그물을
찢었다!

난 그물 근처에는
얼씬도 하지 않았다.

돌고래는 물고기처럼 생겼지만,
새끼에게 젖을 먹이고 허파로 숨을 쉬는 포유류다.
돌고래는 공기를 마시지 못하면 죽는다!

나는 고기잡이배가
너무너무 싫다.

허파로 숨을 쉬는 동물만 그물에 걸려
죽는 것은 아니다. 상어도 많이 죽는다.
우리는 계속 헤엄을 쳐야 아가미로 물을 걸러
산소를 얻을 수 있다. 산소는 모든 생물에게
꼭 필요하다. 하지만 그물에 걸려 헤엄을
못 치면 산소를 얻지 못하고, 그러면 죽는다.

돌고래가 죽으면 슬프겠지만…… 그래도 먹을 걸 버릴 순 없으니까 배불리 먹어야겠지! 다행히 돌고래는 이빨로 그물을 찢고 아슬아슬하게 물 위로 올라갔다. 휴!

돌고래가 그물에 걸렸다.

그물은 원래 이런 물고기만 잡아야 된다.

큰돌고래

분류 포유류 고래목 돌고래과
몸길이 3~3.7미터
몸무게 500킬로그램 이상
사는 곳 전 세계의 따뜻한 바다
먹이 물고기, 오징어, 새우, 게 등
특징 머리 위쪽에 숨쉬는 구멍이 있다. 이빨이 날카롭다.

요즘 고기잡이배들이 자꾸 늘어나고 있다. 이런 배들이 우리의 사냥감인 물고기를 너무 많이 잡아 가서 우리 같은 큰 물고기들은 먹을 게 없다. 우리는 배가 고프다. 흑흑!

여름 여행

여름이 다가오고 있다. 우리는 해마다 여름이면
시원한 곳으로 여행을 떠난다. 거기까지 가려면
몇 주 동안 열심히 헤엄쳐야 한다.
대장은 이것을 '이동'이라고 부르지만
나는 '여름 여행'이라고 부른다. 여행처럼 즐거우니까.
여름마다 다 함께 무리를 지어 다니는 것은
무척 즐겁다.

대장이 앞장서서 간다.

서로 가까이 붙어서 간다.

상어 교과서에 이동에 관한 아주 중요한 정보가 나와 있다.

84 상어 교과서: 이동 비교

이동하자!
귀상어 대 바다거북

상어는 무리를 지어 이동하는데, 가장 빠른 경로로 목적지까지 신속하게 이동한다. 바다거북은 혼자 여행하고 다양한 경로로 이동한다. 바다거북은 상어보다 느리지만 더 먼 거리를 여행한다. 그리고 수명도 더 길다. 바다거북이 일생 동안 이동하는 거리는 귀상어보다 열 배나 더 길다.

	귀상어	바다거북
연간 이동 거리	400~700 킬로미터	2천 킬로미터
평균 속도	시속 4~6 킬로미터	시속 3킬로미터
평생 이동 거리	1만 5천 킬로미터	15만 킬로미터

우리는 얕은 물을 왼쪽에 끼고
북쪽으로 올라간다. 여행길은 아주 안전하다.
사나운 귀상어 수백 마리가 함께 다니는데
누가 감히 우리를 공격할까? 우리는 몇 달 동안
시원한 곳에서 지내다가 올 것이다.

이따금 바다거북 같은, 이동 중인 다른 동물을 만나기도 한다. 우리는 시원한 바다에 가면 물고기를 배불리 먹는데, 주로 작은 고등어를 먹는다. 시원한 곳에는 고등어가 무진장 많다. 그래서 그곳으로 가는 거다.

바다거북

분류 파충류 거북목 바다거북과
몸길이 1~1.2미터
몸무게 180~300킬로그램
사는 곳 따뜻한 바다
먹이 바다풀, 바닷말, 작은 동물
특징 딱딱한 등딱지와 새 부리 모양의 주둥이가 있다. 지느러미처럼 생긴 발은 단단한 비늘로 덮여 있다.

바다거북은 느리지만 힘이 좋다.

어린 상어는 어른 상어 뒤를 따라간다.

사냥은 신중하게

여행을 하는 동안에는 많이 먹지 못했기 때문에
배가 정말 고팠다. 다행히 시원한 곳에 도착하니
고등어가 잔뜩 있었다. 몇 마리만 잡아먹어야겠다.
살아 있는 것을 죽이기는 싫지만, 나도 먹어야 살 수 있다.
우리는 당분간 시원한 이곳에서 지내다가
때가 되면 다시 우리 바다로 돌아갈 것이다.

상어 교과서에는
우리가 지닌 놀라운 감각이
과학적으로 설명되어 있다.

112   상어 교과서: 사냥

전기 감각 기관
모든 상어의 머리와 주둥이 아래쪽에는 조그만 구멍이 점점이 나 있다. 이 구멍으로 물속에서 다른 동물들이 내는 전기 신호를 감지할 수 있다.

사용법
사냥할 때는 머리를 바다 밑바닥에 바싹 붙이고 좌우로 휙휙 돌린다.
전기 신호가 잡히면 신호가 가장 강한 곳으로 간다.
작게 원을 그리듯 돌며 신호가 나오는 곳을 알아내 조준한다.
먹이가 도망칠지도 모르니 빈틈없이 대비하라. 사냥 잘하길 바란다!

우리는 인간 과학자들이 '로렌치니 기관'이라고 부르는 작은 구멍처럼 생긴 감각 기관을 잔뜩 가지고 있다. 이 감각은 후각과 촉각처럼 뿌연 물속에서도, 밤에도 쓸 수 있다. 그래서 상어는 거의 언제든 사냥을 할 수 있다. 때와 장소를 가리지 않고!

아픈 것처럼 느리게 움직이는 늙은 물고기는 한입에 쏙 들어가는 간식거리다. 그런 물고기는 눈으로도 보이고, 냄새도 나고, 물고기가 일으키는 물결도 느껴진다. 나는 순식간에 몸을 홱 돌려 물고기를 덥석 문다. 작은 물고기야, 미안!

얘들은 너무 빨라서 못 잡는다.

내가 노리는 늙고 느린 물고기다.

색가오리 가시가 입속에 일주일이나 박혀 있었다!

지난번에는 맛있는 색가오리를 잡아 배 터지게 먹었다. 난 색가오리 사냥을 잘한다. 바다 밑바닥에 바싹 붙어 헤엄치다 보면 전기 감각 기관이 찌릿찌릿하면서 물고기의 전기 신호가 감지된다. 그때 주둥이로 모래나 진흙을 파헤치면 색가오리가 짠! 색가오리는 날카로운 톱니 모양의 가시가 있지만 상관없다. 가시에서 강한 독이 나오지만 그것도 상관없다. 난 아주 강하니까!

산호초 숲

시원한 곳에서 돌아오는 길에 산호초 숲에 잠깐 들렀다.
알록달록한 이곳은 어릴 때 놀러왔던 곳이다.
지금 보니 옛날보다 작아 보인다.
그만큼 내가 많이 자랐다는 뜻이겠지!

이제는 산호초 숲이 작고 시시해 보인다.

퀸엔젤피시는 여기서 10년 동안 살았다고 한다.

퀸엔젤피시가 그러는데, 산호초는 따끔따끔한 촉수가 달린 작은 꽃처럼 생긴 동물들로 이루어져 있다고 한다.

산호초는 점점 커지면서 나뭇가지처럼 복잡한 모양이 된다.

꼬치고기도 여기에 곧잘 놀러온다.

'폴립'이라 불리는 이 조그만 동물들은 연약한 몸을 지키려고 돌처럼 단단한 컵 모양의 집을 만든다. 폴립이 죽으면 다른 폴립이 그 위에 또 집을 만들어서 산호초가 점점 커지는 거란다.

그런데 이곳에 문제가 생겼다. 강에서 끔찍한 오염 물질이 흘러나오는 것이다. 오징어 아줌마는 오염 물질 때문에 아가미가 막히고 눈이 따갑다고 한다. 또 바닷물이 너무 더워지고 산성이 되어서 산호 폴립도 죽어 버린다. 내년에 여기를 지나갈 때 산호초가 사라지고 없을지도 모른다!

탈색된 산호. 오염돼서 죽은 산호는 하얗게 색이 바랜다.

산호초에 사는 물고기들은 몸 색깔이 아주 밝다. 눈이 부실 정도다.

이 아줌마는 카리브암초오징어다.

무시무시한 백상아리

머리를 치켜들고
위로 쏜살같이
달아났다.
헉헉!

오늘 오후에는 쪼개진 바위 옆을 지나며
먹을 것이 없나 살펴봤다. 먹을 것이 있긴 있었다.
바로 나! 하마터면 백상아리 아줌마한테
두 동강 날 뻔했다. 백상아리 아줌마도
나처럼 사냥 중이었던 거다.

근육들이 빠르게
열심히 움직였다.

꼬리도 미친 듯이
흔들었다.

백상아리

분류 연골어류 악상어목 악상어과
몸길이 최대 6.5미터
몸무게 1톤 이상
사는 곳 너무 덥거나 춥지 않은 전 세계의 바다
먹이 고래에서 바다표범에 이르는 포유류, 바닷새, 거북, 각종 물고기와 오징어
특징 몸집이 크고, 이빨이 면도날처럼 날카로우며, 무는 힘이 아주 강하다.

백상아리 아줌마가 가장 잘 쓰는 기술은
'깊은 물속에서 똑바로 위로 솟구쳐
사자처럼 덥석 물기'다. 몇 번 꿀꺽꿀꺽
삼키면 끝이다. 정말 대단해!
백상아리 아줌마는 텔레비전이랑 영화에도 나가고
사진 촬영도 수 없이 했다고 한다.

오늘 백상아리 아줌마가 인간들이랑 텔레비전 촬영을 했다. 과학자들의 백상아리 연구 모습을 보여 준다고 한다. 백상아리 아줌마는 이름값을 하는 상어인 것 같다. 대장이 그러는데, 백상아리는 먹이를 사냥하는 물고기 중에서는 세상에서 가장 크단다.

우리 안에 들어가 있는 인간 잠수부. 겁쟁이!

진짜 괴상하게 생긴 외눈박이 가재!

방송에 나가려고 크고 날카로운 이빨을 깨끗이 닦았다. 웃으세요!

백상아리 말고 다른 사냥꾼들은 무섭지 않다. 황소상어랑 뱀상어만 빼면. 그러고 보니 우리 친척인 큰귀상어도 나보다 더 커서 무섭긴 하다. 진짜 그게 다다.
아, 범고래도 무섭다. 또……

이웃들의 한마디

나는 내 일기에 내가 만난 동물들들에 대해 적어 놓았다.
그런데 그 동물들은 나를 어떻게 생각할까?

백상아리

" 귀상어는 괜찮은 녀석이지. 머리가 좀 이상하게 생겼고 입이 작기는 하지만. 물론 뭐니 뭐니 해도 내가 가장 매력적이고 잘생겼지! "

바다거북

" 난 거의 혼자 지내서 남들 얘기는 잘 몰라. 귀상어는 착한 상어 같아. 나를 공격한 적도 없고. 만약 날 공격하려 한다면 나도 콱 깨물어 버릴 거야! "

" 허리케인이 불었을 때, 딱 한 번 귀상어를 본 적이 있어. 상어치고는 배려심이 많잖지. 하지만 무리에서 떨어진 연어가 있었다면 날름 먹어 버렸을걸. "

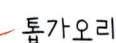
톱가오리

매너티

" 돌고래랑 상어는 껄끄러운 사이야. 몸집도 생김새도 좋아하는 먹이도 비슷하거든. 하지만 전혀 다른 점이 있지. 난 허파로 숨을 쉬어. 만약 꼭 상어를 좋아해야 한다면 귀상어를 좋아할래. "

" 모터보트 프로펠러에 다쳤을 때 귀상어들이 날 지켜 줬지. 덕분에 피를 많이 흘렸는데도 다른 상어들이 다가오지 않았어. 하지만 누구나 알다시피 상어는 친구였다가도 언제 적으로 돌아설지 모르는 동물이야. "

돌고래

30

낱말풀이

부력 물 위에 뜨거나 물속에서 위로 떠오르는 힘.

위장 주변 환경과 모양, 색깔, 무늬를 비슷하게 해서 눈에 띄지 않게 하는 것.

전기 감각 기관 물속이나 공기 중에서 전달되는 전류, 특히 동물의 근육이 움직일 때 나오는 자연적인 전기 신호를 감지하는 감각 기관.

포유류 털이 있고, 몸속에 척추가 있으며, 새끼를 낳고 젖을 먹여 키우는 동물.

연체동물 몸이 아주 유연한 동물. 촉수나 단단한 껍데기를 지니고 있는 것도 있다. 문어, 오징어, 소라, 굴, 조개 등이 있다.

산소 거의 모든 동물이 살아가기 위해 흡수해야 하는 원소. 공기 속에 있고 물속에도 녹아 있다.

플랑크톤 스스로의 힘으로 헤엄치지는 못하고 물속을 떠다니는 아주 작은 생물. 대부분 맨눈으로 볼 수 없다.

가오리 상어의 가까운 친척. 몸이 납작하고 양쪽에 날개처럼 생긴 지느러미가 있다. 홍어와 비슷하다.

찾아보기

가오리 6-7, 19, 25, 31
감각 6-7, 24-25
게 9, 12-13, 14
귀상어 9, 16, 22
그물 20-21
돌고래 20-21, 30
로렌치니 기관 24
망치머리 6, 11, 19
매너티 15, 30
문어 9, 12
바다거북 22-23, 30
배 9, 14-15, 20-21
백상아리 28-29, 30
뱀상어 17
부력 11, 31
불가사리 13-14
산소 20, 31
산호 13, 18, 26-27
산호초에 사는 물고기 27
소라 12
악어 19
알주머니 5

연어 18
연체동물 12, 31
오염 27
오징어 9, 27
위장 6, 31
이동 22-23, 24
이빨 9, 29
전기 감각 기관 7, 24-25, 31
지느러미 7, 8-9, 10-11
짝짓기 4
카리브암초상어 16
퀸엔젤피시 26
톱가오리 19, 30
포유류 20-21, 31
폴립 26-27
플랑크톤 7, 31
피부 6
해파리 14
허리케인 18
헤엄 8, 10-11, 20
홍어 6
황소상어 16, 29

> "난 귀상어처럼 작은 동물은 별로 관심 없어. 작은 동물은 별로 중요하지 않으니까. 난 큰 게 좋아!"

고래상어

Animal Diaries : Shark
by Steve Parker, Peter David Scott
Copyright © QED Publishing 2012
Korean translation copyright © Hanulimkids Publishing co., 2014
This Korean edition is published by arrangement with QED Publishing,
a member of the Quarto Group through Bookmaru Korea literary agency in Seoul.
All rights reserved.

이 책의 한국어판 저작권은 북마루코리아를 통한
QED Publishing, a Quarto Group Company와의 독점계약으로
한울림어린이가 소유합니다. 신저작권법에 의하여 한국 내에서
보호를 받는 저작물이므로 무단 전재와 복제를 금합니다.

상어의 일기
귀상어가 들려주는 바다 이야기

글쓴이 | 스티브 파커　그린이 | 피터 데이비드 스콧·아트 에이전시　옮긴이 | 햇살과나무꾼
펴낸이 | 곽미순　기획·편집 | 이은영　디자인 | 이정화

펴낸곳 | 한울림어린이　편집 | 이은영 윤도경
디자인 | 김민서 이정화　마케팅 | 이정욱 김가연　관리 | 강지연
등록 | 2004년 4월 12일(제318-2004-000032호)
주소 | 서울시 영등포구 당산로54길 11 래미안당산1차A 상가
대표전화 | 02-2635-1400　팩스 | 02-2635-1415
홈페이지 | www.inbumo.com　블로그 | blog.naver.com/hanulimkids

첫판 1쇄 펴낸날 2014년 12월 15일
ISBN 978-89-98465-32-2　74490

이 도서의 국립중앙도서관 출판시도서목록(CIP)은 서지정보유통지원시스템 홈페이지(http://seoji.nl.go.kr)와
국가자료공동목록시스템(http://www.nl.go.kr/kolisnet)에서 이용하실 수 있습니다.(CIP제어번호: CIP2014023170)
＊잘못된 책은 바꿔드립니다.